GANAR DINERO CON OPCIONES BINARIAS:

LA ESTRATEGIA CALENDAS

El Especulador de Opciones Binarias 2

José Manuel Moreira Batista

Copyright © 2014 José Manuel Moreira Batista

Traducido al español por: Camelia Frentiu / cameliaspanishtranslator.com

Imagen de cubierta original: Rrraum/Shutterstock

Editorial: MORBAT Lda. morbat.com/

Todos los derechos reservados.

Introducción

Todos los días, expertos autoproclamados del mercado de valores nos dicen por qué el mercado va hacia arriba o hacia abajo, como si realmente lo supieran. ¿Dónde estaban estos ayer?

~ Anónimo

Ganar Dinero con Opciones Binarias: La Estrategia Calendas presenta el sistema fácil de seguir y completo para negociar con éxito con las opciones binarias que yo utilizo. Este sistema se basa en una idea sencilla pero muy potente: lo que funcionó en el pasado es más probable que no probable, que funcione de nuevo en el futuro.

El sistema negocia solamente una vez al mes y siempre utiliza el mismo tipo de opción binaria. Crear una operación toma un par de minutos como mucho: simplemente mira en una tabla si el activo que ha elegido para negociar se espera que salga por encima o caiga por debajo de un determinado valor y la cantidad que debe apostar. A continuación, inicie sesión en la plataforma de su broker de opciones binarias e introduzca esos parámetros. No necesita realizar ninguna otra acción hasta el final del mes.

Ganar Dinero con Opciones Binarias: La Estrategia Calendas describe un sistema de comercio completo, es decir, uno que comprende tanto una estrategia de negociación y un sistema de manejo de dinero. Este libro comienza con la descripción de cómo se construye la estrategia de negociación. También se explica el concepto de expectativa y cómo se utiliza para medir si vale la pena usar una estrategia y clasificar las estrategias. El libro sigue con la administración del dinero, seguido de una explicación detallada sobre cómo realizar la operación mensual.

Estoy seguro de que usted verá que se trata de un libro muy útil. Siempre estoy en busca de nuevos conocimientos e ideas y estoy abierto a cualquier sugerencia que pueda tener la amabilidad de ofrecer para ayudar a mejorar esta obra.

¡Comercie con sentido común, diviértase y obtenga beneficios!

José Manuel Moreira Batista

PS: Los lectores tienen derecho a recibir una infografía gratuita de la Estrategia Calendas. Para recibir la suya vaya a morbat.com/calendsinfo.

Qué dicen los lectores:

"Esta es una lectura muy buena para cualquiera que desee entrar en el mercado." *Pukanecz*

"He tenido éxito gracias a este libro y he ganado una buena cantidad de dinero."

Matthew

"Necesita leer esto si desea comerciar con opciones binarias."

Laura Groff

"Este es un libro excelente para cualquiera que desee aprender a comerciar con opciones binarias"

DC7113

"Este libro contiene información valiosa sobre las operaciones del sistema y opciones binarias."

Bookreader

Contenidos

Introducción .... *i*

Contenidos .... *v*

La Estrategia de Comercio Calendas *7*

Gestión del Dinero *11*

El Comercio Mensual *13*

Comerciar *17*

Preguntas Frecuentes *19*

    ¿Cómo se hace la tabla con los cálculos? *19*

    ¿Con qué activos debería comerciar cada mes? *20*

    ¿Puede dar un ejemplo de un conjunto de normas para comerciar? *20*

    ¿Qué broker me recomienda? *21*

    ¿Cuánto dinero necesito para operar con esta estrategia? *21*

    ¿Puede alguien comerciar por mí? *21*

Sobre el Autor *23*

Descargo de Responsabilidad *24*

La Estrategia de Comercio Calendas

La vida es muy simple, pero insistimos en complicarla.
~ Confucio

Si usted es como yo le gusta mantener las cosas simples. Vamos a empezar por comprometernos a hacer solamente operaciones que han funcionado bien en el pasado. En otras palabras, sólo queremos participar en operaciones de alta probabilidad. Para ello, suponemos que la tasa de éxito histórica de un comercio es la mejor estimación de su probabilidad de éxito:

Probabilidad de éxito = Número de operaciones ganadoras / Número total de operaciones

Esto a veces también es llamado *porcentaje de ganancias*, proporción de ganancias o ganar%. La probabilidad de fallo de una operación, también llamada *índice de siniestralidad*, se calcula deduciendo la ración de ganar de 1:

Siniestralidad = 1 – ración de ganancia

Tenga en cuenta que si una estrategia de negociación tiene un índice de siniestralidad de 90% o incluso 99%, no significa necesariamente que es poco rentable. Lo contrario ocurre con una estrategia con un porcentaje de ganancias del 90% o 99%: esa información por sí sola no es suficiente para evaluar si va a ser rentable. Con el fin de determinarlo, primero debemos saber el tamaño promedio tanto de las operaciones ganadoras como las perdedoras y combinarlos en la *proporción recompensa a riesgo*.

Proporción Recompensa a Riesgo = Cantidad Promedia de Ganancias / Cantidad Promedia de Pérdidas

Por último, la *expectativa* de la operación combina la proporción recompensa a razón de riesgo y la proporción de ganancia y pérdida y nos dice si la estrategia es rentable a largo plazo.

Esperanza = Recompensa a riesgo x proporción de ganancia − proporción de pérdida

Una estrategia con una expectativa positiva le ayudará a ganar dinero a largo plazo. Una estrategia con una expectativa negativa hará que pierda dinero y por lo tanto no debe usarse. Si la Estrategia A tiene un valor de expectativa superior al de la Estrategia B debemos preferir operar con la Estrategia A antes que con la Estrategia B.

Ahora que tenemos una lógica para los comercios y un mecanismo para evaluar su rentabilidad potencial, necesitamos un tipo específico de opciones binarias para usarlos. La estrategia calendas utiliza la opción binaria Superior/Inferior (la opción binaria Subir/Caer también se puede utilizar siempre que el precio spot esté por debajo/encima de la barrera). En este tipo de operación elegimos una *barrera*, una *dirección* y una *fecha de caducidad*. A continuación, apostamos si el precio del activo será mayor o menor que la barrera al final del día en la fecha de caducidad. Hacemos nuestras operaciones en el primer día hábil de cada mes y seleccionamos el último día de negociación como la fecha de caducidad. La dirección de la operación está determinada por lo que ocurrió con más frecuencia en el pasado: si el precio subió más a menudo de lo que cayó, la dirección será Superior, de lo contrario será Inferior.

La instantánea de abajo muestra una apuesta superior/inferior en el índice alemán DAX, colocada a través de nuestro corredor de opciones binarias preferido, Binary.com.

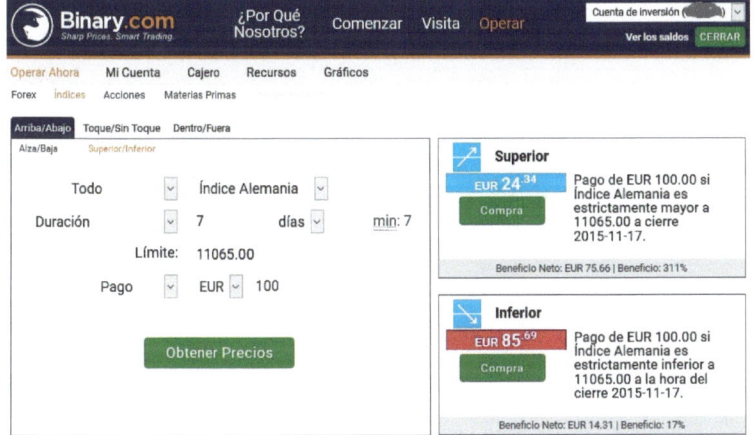

Gestión del Dinero

Puedes ser joven sin dinero, pero no puedes ser viejo sin él.

~ Tennessee Williams

Ningún sistema de comercio es completo sin un sistema de *gestión del dinero*. De hecho muchas estrategias terminan siendo rentables sólo porque hay un buen sistema de gestión del dinero y otros fracasan por completo debido a que carecen de uno. La idea principal detrás de la necesidad de un sistema de gestión de dinero es evitar quedarse sin dinero o severamente dañado en una sola o unas pocas transacciones. Esto puede suceder muy fácilmente, independientemente de la solidez del sistema de comercio. Es inevitable que suframos tramos de varias pérdidas consecutivas de vez en cuando. Si apostamos 10% de nuestro capital inicial en cada comercio y sufrimos cinco derrotas consecutivas vamos a terminar con sólo un 50% de la cantidad con la que empezamos. Con un rendimiento promedio por operación de 70%, vamos a necesitar siete victorias consecutivas para recuperar nuestro capital perdido y salir sin ganancias o pérdidas.

El sistema de gestión de dinero que prefiero es el *Kelly %* (también conocido como el *sistema de Kelly*, *criterio Kelly* o *fórmula Kelly*). Desarrollado por JL Kelly en la década de 1950 ha demostrado que ser mejor que cualquier otro sistema de gestión de dinero (si una operación tiene la misma probabilidad de ganar o perder cada vez y la misma proporción de pago es introducida en varias ocasiones).

$\%Kelly = [W \times (R + 1) - 1] / R$

En la fórmula anterior, W es el porcentaje promedio de ganancias de la estrategia y R es la rentabilidad media de los comercios. El resultado de la fórmula es un número, el porcentaje de bankroll que debemos apostar. Por ejemplo, con W = 60% y R = 70%, el %Kelly es 2,86%. Así que si su bankroll es 5.000 € el %Kelly le está diciendo que apueste 143 € (5000 € x 2.86%).

Aunque en última instancia es mejor que otros sistemas, la fórmula Kelly no proporciona un proceso suave y suele haber problemas con cierta frecuencia.

Si prefiere menos adrenalina, utilice sólo la mitad o una cuarta parte de la %Kelly para calcular la cantidad de participación en cada operación. Si lo prefiere puede utilizar el *método del porcentaje de fondos*. Usando este sistema simplemente apuesta un porcentaje fijo de sus fondos en cada operación. Este porcentaje es por lo general un 2% a 5%. Con un bankroll de 5.000 € apostaría por tanto 100 € (5000 € x 2%) en su siguiente operación.

El Comercio Mensual

Lo que llamamos caos son sólo patrones que todavía no hemos identificado. Lo que llamamos aleatorio son solo patrones que no podemos descifrar.

~ Chuck Palahniuk

Como se dijo antes, la estrategia calendas se basa en la identificación de patrones recurrentes mensuales de alza o baja de los precios de un precio de activo. Vamos a ver cómo funciona esto usando el índice NASDAQ 100 como ejemplo. La tabla siguiente se construyó a partir de datos descargados de forma gratuita desde Yahoo! Finance.

[1] ^NDX : USA: NASDAQ-100				
[2] <-> Escenario Base: 0,0% desde apertura				
# Años	[3] 24	Ganancia supuesta:		[4] 70%
Mes	[5] Dirección	[6] Ganho %	[7] Ganancia%	[8] Kelly %
Enero	Superior	69.6%	✓ 0.18	7%
Febrero	Inferior	54.2%	✓ 0.32	6%
Marzo	Superior	66.7%	✓ 0.13	5%
Abril	Superior	54.2%	✗ -0.08	0%
Mayo	Superior	62.5%	✓ 0.06	2%
Junio	Inferior	58.3%	✓ 0.42	7%
Julio	Superior	58.3%	✗ -0.01	0%
Agosto	Superior	54.2%	✗ -0.08	0%
Septiembre	Superior	62.5%	✓ 0.06	2%
Octubre	Superior	70.8%	✓ 0.20	7%
Noviembre	Superior	66.7%	✓ 0.13	5%
Diciembre	Superior	62.5%	✓ 0.06	2%

Nota: esta tabla es sólo para fines ilustrativos

1 – ^NDX es el ticker de Yahoo! para el índice NASDAQ 100.

2 – En un escenario base la barrera es igual al valor de apertura del índice para el mes por lo tanto aparece la indicación "0% a partir de la apertura".

3 – El número de años de datos utilizados en los cálculos era de 24. Este número está determinado por la disponibilidad de datos. Obviamente un conjunto mayor de datos da más confianza que un conjunto más pequeño.

4 - Los cálculos suponen que las operaciones binarias pagan el 70% de la cantidad apostada, un pago bastante común. Esto es relevante para el cálculo de la expectativa de la operación y el %Kelly. Si la devolución del comercio ofrecida es inferior al 70% no se debe realizar el comercio.

5 - La *dirección* del comercio es *superior o inferior*. Si los datos del pasado muestran que el precio del activo va para arriba con más frecuencia que para abajo entonces la dirección de la operación será superior, de lo contrario será inferior.

6 - Esta columna muestra la tasa de éxito pasada en cada mes para un comercio con la dirección indicada. Por ejemplo, en los últimos años el precio NASDAQ 100 de cierre a finales de enero fue más alto que el precio de apertura en el primer día de negociación del mes el 69,6% de las veces. Por el contrario, en febrero fue inferior el 54,2% de las veces.

7 - Esta columna muestra la expectativa de comercio de cada mes. Si la expectativa de un comercio es positiva puede comerciar. Si la expectativa de un comercio es negativa no debe comerciar.

8 - El %Kelly que se muestra aquí es un cuarto del porcentaje Kelly calculado para cada comercio, que es lo que realmente utilizo en mi propio comercio.

Comerciar

Debes saber que todo está en perfecto orden, lo comprendas o no.
~ Valery Satterwhite

Comerciar es algo muy sencillo. Supongamos que usted está a comienzos de enero y tienen un bankroll de 5000 €. El Nasdaq 100 abre el 2 de enero, el primer día hábil del mes, con un valor de 3576. Ese valor de apertura será su barrera para la opción binaria superior/inferior. La dirección del comercio es *superior* y selecciona el último día de negociación de enero como la fecha de finalización de la operación. Se utiliza el Kelly% que se muestra para determinar la cantidad de participación: multiplicando 7% por 5000 € apuesta 350 €.

Por desgracia, el Nasdaq 100 cierra el 31 de enero en 3522 por lo que pierde y su bankroll es ahora 4650 €.

El Nasdaq 100 abre en febrero en 3524 y apuesta 279 € (6% x 4650 €) que terminará inferior que eso para el mes. Termina en 3696 y pierde de nuevo. Su bankroll se contrae de nuevo a 4371 €.

Sin inmutarse toma 3675 como su barrera para marzo y apuesta 219 € (5% x 4.371 €) que el índice terminará ese mes más alto.

Usted repetirá este proceso cada mes ...

Usted podría preguntarse por qué he elegido ejemplificar esta estrategia con un par de pérdidas, ya que esta no es la mejor manera de entusiasmar a nadie. La razón es simple: quiero impresionarle mostrándole a usted que esta es una estrategia que tiene como objetivo beneficios a largo plazo y que habrá pérdidas de vez en cuando. De hecho, usted tendrá pérdidas consecutivas y es posible que experimente detracciones graves. Esta estrategia requiere disciplina, paciencia y perseverancia y, por tanto, no es adecuada para todos. Sin duda no es la mejor opción para aquellos que esperan una gran victoria rápida a pesar de que sin duda puede suceder. Con eso fuera del camino, vamos a ver las preguntas frecuentes acerca de esta estrategia.

Preguntas Frecuentes

Si me hace una pregunta con varias partes, y la mitad de mis respuestas son sí y la mitad no, puede que haga un promedio y le conteste con quizás incierto.

~ Jarod Kintz

¿Cómo se hace la tabla con los cálculos?

Lo primero que debe hacer es obtener los datos de precios históricos. Los datos de acciones e índices se pueden descargar de forma gratuita desde Yahoo! Finance. Se presenta en formato CSV que se importa fácilmente a Excel y si usted está interesado sólo en el análisis de unos activos eso es todo lo que necesita. Si quiere descargar datos con frecuencia o para un gran número de activos debe considerar comprar un software específico. Yo uso y recomiendo MLDownloader (Windows) y StockXloader (Mac). Ambos tienen un precio muy razonable y son fáciles de usar. Los datos históricos para pares de Forex no están disponibles en Yahoo! Finance. Sin embargo, los puede conseguirlo de forma gratuita mediante el Tick Data Downloader software. El programa es muy intuitivo de usar: sólo tiene que seleccionar los pares y el intervalo de tiempo que le interesa y hacer clic en *Iniciar descarga*.

Seguido realiza los cálculos simples mencionados en la sección *Comercio mensual*. Ahora uso un programa propietario escrito en Python para este propósito, pero durante años usé Excel. Mi hoja de cálculo Excel legado está disponible en morbat.com/boexcel.

¿Con qué activos debería comerciar cada mes?

Esta es una cuestión de preferencia personal. Podría, por ejemplo, elegir un índice como el SP-500 o un par de divisas como EURUSD y comerciar solo con estos. Si su bankroll se lo permite, puede dividirlo en dos o más "bancas virtuales" y comerciar diferentes activos con cada uno. Eso tiene la ventaja de que le da cierta diversificación. Otra posibilidad es seguir un gran número de activos y cada mes elegir las operaciones con la expectativa más alta. Ese es el enfoque que yo uso.

¿Puede dar un ejemplo de un conjunto de normas para comerciar?

¡Por supuesto! Un buen comerciante tiene un conjunto de reglas de comercio que sigue estrictamente. Aquí tiene las reglas Trader Ben:

1) El bankroll de Ben se divide en cuatro bankrolls de igual tamaño. El Bankroll # 1 persigue los comercios con expectativas más altas para cada mes en todas las divisas; el bankroll # 2 persigue los comercios con expectativas más altas para cada mes en todos los índices; bankroll # 3 comercia el EURUSD y el bankroll # 4 el USDJPY.

2) Ben nunca superpone comercios. Eso significa que con bankroll # 1 Ben nunca comercia el EURUSD o el USDJPY dado que estos pares de divisas deben ser negociados con bankrolls # 3 y # 4.

3) Ben solamente hace operaciones que tienen un porcentaje de ganancia igual o superior a 70%.

4) Ben utiliza el %Kelly para calcular la cantidad de participación en cada comercio.

¿Qué broker me recomienda?

La estrategia calendas se pueden usar con cualquier corredor que ofrezca los contratos de opciones binarias mencionados (Superior/Inferior o Subir/Caer) con al menos un mes de duración. Mi broker favorito es Binary.com. Antiguamente llamado BetOnMarkets, llevan mucho tiempo en el negocio. Retirar dinero es un proceso fácil, rápido y totalmente automático que no necesita llamadas telefónicas al "gestor de cuentas", cuyo único objetivo es convencerle para que cancele su solicitud de retiro. Por lo general añado fondos y retiro utilizando Skrill.

¿Cuánto dinero necesito para operar con esta estrategia?

Si utiliza una cuarta parte del *Porcentaje Kelly* o 2% del *Porcentaje de Bankroll* un mínimo de 100 euros será suficiente aunque 500 o 1000 euros son sin duda preferibles. En cualquier caso, siempre use su propio dinero: nunca, nunca pedir prestado para comerciar.

¿Puede alguien comerciar por mí?

Si no tiene tiempo o no quiere comerciar usted mismo por cualquier otra razón vaya a morbat.com/calendstrader para recibir información sobre las opciones disponibles.

Sobre el Autor

José Manuel Moreira Batista es un comerciante e inversor privado y gestiona intereses privados. Después de graduarse en Administración de Empresas en 1982 pasó una temporada en las Fuerzas Aéreas y luego llegó a ocupar cargos ejecutivos en varias empresas multinacionales hasta 1999.

Ese año dejó el mundo de la empresa y creó la empresa de consultoría y formación que aún posee en la actualidad. También dio cursos universitarios sobre Finanzas Corporativas, Contabilidad Financiera, Contabilidad de Costos e Inmobiliaria.

Sus libros y cursos orientados a los resultados mezclan la experiencia con una base teórica sólida para ofrecer conocimiento práctico y fácil de seguir que trae beneficios inmediatos a los lectores y estudiantes. Él vive en Cascáis, Portugal.

Descargo de Responsabilidad

Esta obra tiene fines educacionales solamente. Los resultados pasados no garantizan resultados futuros. Todas las formas de comercio implican un riesgo y comerciar puede que no sea adecuado para usted. Siempre debe consultar a un profesional antes de comerciar. En cualquier caso usted es el único responsable de todas sus decisiones de comercio.

El autor o el editor pueden tener una relación de afiliación con todas o algunas de las empresas cuyos productos o servicios se mencionan. Esto significa que, sin costo adicional para usted, el autor o el editor pueden ganar una comisión si usted decide comprar cualquiera de sus productos o servicios.

www.ingramcontent.com/pod-product-compliance
Lightning Source LLC
Chambersburg PA
CBHW041617180526
45159CB00002BC/897